"This is the
wastes of w

elegant, calming awareness — healing in its care-
ful attention and deliberate momentum — can
spring from the tragedies of excruciating loss, is
the wonder of poetry. Readers will feel grateful to
Tahar Ben Jelloun for his loving conscience and
generous focus. Cullen Goldblatt has rendered an
exacting and graceful translation. Somehow, with
no stridency, but with immense and thoughtful
sorrow, a compassionate gaze and an urgency
deep as all forgotten, precious worlds, Tahar Ben
Jelloun creates the holy land of remembrance. A
brilliant and necessary poet and text."

— Naomi Shihab Nye, author of
19 Varieties of Gazelle

"As resonant today as when they were composed,
these urgent, mournful poems demonstrate the
power of speech to shatter the murderous silence
of war."

— Susan Harris, editorial director,
Words without Borders

"A haunting book by one of the major francophone Arab writers of the last four decades. Ben Jelloun revisits genealogical moments and exhumes the unmarked and forgotten mass graves of recent history. What distinguishes his book, however, is that the poet is careful not to drape the dead in nationalistic flags or merely condemn the villains. The dead point to both empire and its local totalitarian gravediggers.

These poems are at once an elegant elegy and a postcard from the underworld of history carrying not only the names of the dead, but also fragments of their voices and faces.

This is essential reading for an amnesiac America and a frantic and forgetful "first" world obsessed with navel-gazing while it destroys the species. Poetry performs one of its primary functions: an antidote to amnesia and dehumanization and a silent prayer for the absent. Words inhabit the interface between life and death. Ben Jelloun descends to the abyss of history where 'others' were deposited and listens to its inhabitants as we all should, time and again."

—Sinan Antoon, author of
I'jaam: An Iraqi Rhapsody and *The Baghdad Blues*

The Rising of the Ashes

The Rising of the Ashes

Tahar Ben Jelloun

Translated by Cullen Goldblatt

City Lights Books • San Francisco, California

This collection was first published as *La Remontée des cendres* by
Éditions du Seuil, 1991.

Cover and interior design: Linda Ronan

This work, published as part of a program of aid for publication,
received support from the French Ministry of Foreign Affairs
and the Cultural Services of the French Embassy of the United
States. Cet ouvrage, publié dans le cadre d'un programme d'aide
à la publication, bénéficie du soutien du Ministère des Affaires
étrangères et du Service Culturel de l'Ambassade de France aux
Etats-Unis.

Library of Congress Cataloging-in-Publication Data

Ben Jelloun, Tahar, 1944-
 [Remontée des cendres. English]
 The rising of the ashes / Tahar Ben Jelloun ; translated by
Cullen Goldblatt.
     p. cm.
 ISBN 978-0-87286-526-6
 1. Persian Gulf War, 1991—Poetry. 2. Arab-Israeli conflict—
Poetry. I. Goldblatt, Cullen. II. Title.
 PQ3989.2.J4R4413 2010
 841'.914—dc22

                              2009042420

Visit our website: www.citylights.com

City Lights Books are published at the City Lights Bookstore,
261 Columbus Aveneu, San Francisco, CA 94133

Translator's Foreword

When I first encountered this book, I was drawn immediately to its central imaginative and political projects: to make words where there had been the speechlessness of violence and to return personhood to war's victims — to identify the unidentified.

Written in French by the Paris-residing Moroccan author Tahar Ben Jelloun, *La remontée des cendres (The Rising of the Ashes)* appeared as a bilingual volume in 1991, the Iraqi poet Kadhim Jihad rendering the accompanying Arabic translation. The first of the book's two long poems bears the book's title, *La remontée des cendres*, and responds to the human devastation caused by the Gulf War. It is dated February-April 1991. The second poem, *Non identifiés (Unidentified)*, testifies to the displacement and killing of Palestinians in Lebanon and the Occupied Territories during the 1980s.

The first thing I loved about this book was its relationship with history's dates: how it summons them in all their irrefutable numerical precision and then puts them to the text's own quiet work of record-making. *February 1, 1983; April 14, 1983; November 24, 1988; Samia Hussein; Yusra Akel; Ibn Hassan Mokaddam* — the poet is unrelenting in his excavation and tribute, this litany of names and dates, daily atrocities and pleasures.

And although the poems take events of the past as their subject, their words resonate intimately with the present. In late 2003, nine months after the U.S. invasion of Iraq, when I first read the book in the original, it seemed to me the best possible moment to translate it for an Anglophone readership. In 2009, publication seems no less timely.

I often despair the "deployment" of words in our present — the official apologies, the language of reporting, the sanitizing and romanticizing of war, the relentless omissions. I sometimes remind myself of Ben Jelloun's preface to this book: he insists not only on the necessity of words, but on the power of poetry's words in particular — even if they are said "in silence," even if they "bash" themselves until they, the words, are "senseless."

The Rising of The Ashes makes a place for grief, as well as for rage and questions and careful description. The poems follow their own imperative — to speak where there is silence, injustice, death — yet they allow for another silence, one that makes mourning possible. I suspect that silence might be as necessary to us as Ben Jelloun's words.

Préface

Officiellement la guerre du Golfe est terminée. Le Koweït n'est plus occupé. L'Irak est en grande partie détruit. Et les morts sont enterrés. Pas tous. Les Occidentaux ont compté leurs morts et les ont rapatriés. En partant, ils ont laissé derrière eux des milliers de victimes. On ne saura peut-être jamais combien les tonnes de bombes larguées sur l'Irak ont tué de personnes, civiles et militaires. Ce sont ces corps anonymes, ces corps calcinés et dont on a vu brièvement des images à la télévision, à qui ce texte voudrait rendre hommage. Il voudrait leur donner des noms et les inscrire sur une stèle pour le souvenir. Sans haine. Avec dignité. Jetés dans la fosse commune, ils feraient une sorte de visage anonyme qui contiendrait et rappellerait tous les absents.

Il fallait laver les mots, arracher l'herbe rouge qui scintille. Il fallait ciseler les images dans une

Preface

Officially, the Gulf War is over. Kuwait is no longer occupied. Iraq is in large part destroyed. And the dead are buried. But not all the dead. The Westerners counted their dead and repatriated them. Exiting, they left behind thousands of victims. We will perhaps never know how many people, troops and civilians, were killed by the tons of bombs dropped on Iraq. It is to these anonymous bodies, bodies burnt to ashes seen briefly in television images, that this text intends to give homage. It would give them names and inscribe them on a gravestone for remembrance. Without hatred. With dignity. In their mass grave, the bodies will form a kind of anonymous face, containing and evoking all the dead.

It was necessary to wash the words, to uproot the glistening red grass, to chisel the images

mémoire récente et en même temps très vieille. Elles sont souvent nues et ont subi plusiers déplacements. Elles ont voyagé, traversé les siècles et continuent de chercher asile entre l'émotion et la pudeur.

Chaque guerre laisse derrière elle des restes. Celle du Golfe en a laissé beaucoup. Et le monde, la conscience du monde ont déjà les yeux posés ailleurs. C'est une question de routine. Le monde des puissants—les États-Unis d'Amérique et leurs alliés—a pris l'habitude de se laver les mains et de rassurer sa conscience après avoir provoqué morts et destructions. Il rejoint en toute sérénité la logique du fossoyeur après avoir proclamé « la logique de guerre ».

Une fois qu'on a tiré une couverture de sable et de cendre sur des milliers de corps anonymes, on cultive l'oubli.

Alors la poésie se soulève. Par nécessité. Elle se fait parole urgente dans le désordre où la dignité de l'être est piétinée.

Mais les mots restent pâles quand la blessure est profonde, quand le chaos programmé est brutal et irréversible. Contre cela les mots. Et qu'y peuvent-ils? Entre le silence meurtri et le balbutiement

onto a memory that is both recent and very old. The images are often naked and have endured many displacements. They have traveled, crossed centuries, and continue to seek shelter between emotion and humility.

Each war leaves behind remains. The Gulf War left many. As for the world, the conscience of the world has already set its eyes elsewhere. It is a matter of habit. The world of the powerful – the United States of America and its allies – has developed the habit of washing its hands and soothing its conscience after having caused death and destruction. After declaring the *logic of war*, this world takes up, with complete equanimity, the logic of the gravedigger.

Once one has covered thousands of anonymous corpses with a blanket of ashes and sand, one cultivates forgetting.

So poetry rises. Out of necessity. Amidst the disorder where human dignity is trampled, poetry becomes urgent language.

But words pale when the wound is deep, when the well-planned chaos is brutal and irreversible. Against that, words. And what can they do?

Between murderous silence and desperate

désespéré, la poésie s'entête à dire. Le poète crie ou murmure ; il sait que se taire pourrait ressembler à un délit, un crime.

Il est une douleur millénaire qui rend notre souffle dérisoire. Le poète est celui qui risque les mots. Il les dépose pour pouvoir respirer. Cela ne rend pas ses nuits plus paisibles.

Nommer la blessure, redonner un nom au visage annulé par la flamme, dire, faire et défaire les rives du silence, voilà ce que lui dicte sa conscience. Il doit cerner l'impuissance de la parole face à l'extrême brutalité de l'histoire, face à la détresse de ceux qui n'ont plus rien, pas même la raison pour survivre et oublier.

Demain, des hommes, galons sur l'épaule, médailles sur la poitrine, un béret de général ou de maréchal, se réuniront devant une carte. Calmement, froidement, ils décideront d'avancer leurs troupes ici, ou là, envahissant un pays, massacrant des civils en leur sommeil, puis cela se passera en toute impunité, puisque ceux à l'origine du malheur se réuniront de nouveau face à la même carte pour cesser ce qu'ils appellent « les hostilités ». Et le

babbling, poetry stubbornly speaks. The poet shouts or murmurs; knows silence could be akin to an offense, a crime.

A very old suffering makes our breath pitiful. The poet is one who risks words. The poet sets them down in order to breathe. This does not make the nights easier.

To name the wound, to give a name again to the face voided by flame, to tell, to make and remake the borders of silence, that is what the poet's conscience dictates. The poet must consider the powerlessness of language in the face of history's extreme brutality, in the face of the suffering of those who have nothing left, not even a reason to survive and forget.

Tomorrow, men, stripes of braid on their shoulders, medals on their chests, with the berets of generals and marshals, will come together before a map. Calmly, coolly, they will decide to advance their troops here, or there, invading a country, massacring civilians in their sleep, and this will occur with utter impunity since those who have caused the suffering will then come together once again, before the same map, to end what they call "hostilities."

monde continuera de respirer comme il le fait depuis des millions d'années.

Qui parlera pour les ensevelis, les écorchés, les pendus, les jetés dans les fosses communes ?

Les militaires en feront un paquet ficelé, abstrait, sur lequel ils inscriront le mot « Martyrs ». Et puis on oubliera. Forcément.

La poésie se contentera d'être là, pour être dite comme une prière, dans le silence, dans le recueillement du deuil.

Incommensurable est notre besoin de dire, même si nos paroles, emportées par le vent, iront buter contre les montagnes jusqu'à la perte du sens, jusqu'à faire des trous dans la roche et faire bouger les pierres lourdes de l'insomnie.

Tahar Ben Jelloun, Juin 1991

And the world will go on breathing as it has done for millions of years.

Who will speak for the buried, those flayed, those hung, those thrown into mass graves?

The armies will make them into a tidy parcel, an abstraction, on which they will inscribe the word "Martyrs." And then we will forget. Necessarily.

Poetry will content itself with being here, being said as a prayer, in silence, in the contemplation grief provokes.

Our need to speak is without measure, even if our words, taken by the wind, bash themselves against mountains until they are senseless, until they open holes in the rock and shift the heavy stones of insomnia.

Tahar Ben Jelloun, June 1991

La remontée des cendres

The Rising of the Ashes

Ce corps qui fut un corps ne flânera plus le long
    du Tigre ou de l'Euphrate
ramassé par une pelle qui ne se souviendra
    d'aucune douleur
mis dans un sac en plastique noir
ce corps qui fut une âme, un nom et un visage
retourne à la terre des sables
détritus et absence.

Cette terre avide d'eau n'a eu que du sang pour
    irriguer le grand silence
ce désert affligé a ouvert les tranchées du sommeil
et les hommes s'y sont engouffrés par milliers en
    un éclair
la peau déchirée
une bougie allumée veillait à l'intérieur de la cage
    thoracique défunte.
Un peu du ciel habitait ces corps voués à l'oubli.

This body that was a body will no longer stroll
        along the Tigris or Euphrates
lifted by a shovel that will not remember one
        single pain
put in a black plastic bag
this body that was a soul, a name and a face,
returns to the land of sand
detritus and absence.

This land avid for water was given only blood to
        irrigate the great silence
this afflicted desert opened sleep's trenches
men surged into them by the thousands in a flash
skin shredded
a lit candle kept vigil inside a lifeless ribcage.
A little sky lived in these bodies promised to
        forgetting.

Une couverture de sable a été déposée sur ces sacs noirs par une main en métal.

Plus rien ne bouge. Pas même les souvenirs
       ardents des premières amours.

Ni l'oiseau inconnu venu du jour lointain pour la prière des morts. Il est noir et immobile, les yeux brûlés, éternel.

Ce corps qui fut une parole ne regardera plus la
       mer en pensant à Homère.

Il ne s'est pas éteint. Il a été touché par un éclat du ciel brisant la parole et le souffle.

Ces cristaux mêlés au sable sont les derniers mots prononcés par ces hommes sans armes.

Visages noircis par un feu qui ne tremble point.

Page d'une vie calcinée comme un secret illisible.

Le regard, lentement arraché du visage : c'est une mince feuille de papier belle et résistante, troublante et légère ; un voile entre la vie et notre morte ; un silence qui retient quelques grains de sable.

A blanket of sand was dumped on these black bags
by a metal hand.
Nothing else moves. Not even the ardent memories
        of first loves.
Nor the unknown bird come for the prayer for the
dead from a distant day. It is black and immobile,
eyes burnt, eternal.

This body which was once a word will no longer
        look at the sea and think of Homer.
It did not pass away. It was touched by a flash from
the sky crushing speech and breath.
These crystals mixed in the sand are the last words
pronounced by these unarmed men.

Faces blackened by an unwavering fire.
Life's page charred like an illegible secret.
The gaze, slowly uprooted from the face: this is a
thin sheet of paper, beautiful and resilient, disqui-
eting and insubstantial; a veil between life and our
death; a silence that keeps a few grains of sand.

Les visages lavés par le même feu bref et précis ne
sont plus des visages.
L'épure d'un souvenir de visage est enseveli dans
les mêmes sacs noirs.
Le désordre et la défaite ont mêlé les jours et les
regards.

Ce corps qui fut un rire
brûle à présent.
Cendres emportées par le vent jusqu'au fleuve
et l'eau les reçoit comme les restes de larmes
heureuses.
Cendres d'une mémoire où perle une petite vie bien
simple, une vie sans histoire, avec un jardin, une
fontaine et quelques livres.
Cendres d'un corps échappé à la fosse commune of-
fertes à la tempête des sables.

Quand le vent se lèvera, ces cendres iront se poser
sur les yeux des vivants.
Ceux-ci n'en sauront rien
ils marcheront triomphants avec un peu de mort
sur le visage.

These faces washed by the same brief and precise
   fire are not faces any longer.
The sketch of a memory of a face is shrouded in the
   same black bags.
Disorder and defeat have confused vision and
   days.

This body which was laughter
is now burning.
Ashes carried to the river by the wind
the water receives them like the remnants of happy
   tears.
Ashes of a memory in which a small life happens, a
very simple life, a life without a grand story, with a
garden, a fountain and some books.
Ashes of a body escaped from the mass grave of-
fered to the sand storm.

When the wind rises, the ashes will go settle on the
   eyes of the living.
They will know nothing
will walk in triumph with a bit of death on their
   faces.

Innombrables sont les signes se vidant de leur eau
dans le tumulte de l'extrême
là, au bord d'un cimetière mouvant.

Dans ce pays les morts voyagent
comme les statues et les flammes
Ils portent des lunettes
et tendent les bras roussis pour s'envoler.
On dit qu'ils sont devenus invisibles
et s'en vont offrir aux vivants les années qui leur
        restaient à vivre.
Ainsi, que d'ans jonchent le désert : un siècle et plus.
Des vies à prendre comme des chacals empaillés des
vies qui tremblent pour dire :
« La mort n'est pas fatale comme la nuit est l'ombre
        du soleil. »

Ce corps qui fut un rêve est une maison dévastée.
Il n'y a ni porte ni fenêtre
juste un matelas lacéré, une casserole, un pain ras-
sis, un manteau accroché, des murs éventrés, de la
poussière grise et un calendrier de l'année dernière.

Innumerable are the signs emptying their water
in the turmoil of extremity
there, on the edge of the moving cemetery.

In this country the dead travel
as statues and flames
They wear eyeglasses
and stretch out their scorched arms for flight.
We say they became invisible
left to offer the living the years that remained of
        their lives.
Oh how many years litter the desert: a century,
        more.
Lives for the taking, as jackals gorged on lives trem-
ble to say:
"Death is not fatal just as night is the sun's
        shadow."

This body that was a dream is a wrecked house.
There is neither door nor window
just a lacerated mattress, a cooking pot, a stale loaf
of bread, a coat on a hook, gutted walls, grey dust
and the previous year's calendar.

Les yeux sont des trous où logent des mouches
la bouche est une déchirure
et la peau ne se souvient de rien.

Des invités sont arrivés en disant : « La guerre
        n'est pas une excuse! »
Mais la maison n'est plus une demeure
c'est l'absence et le silence.
Sur un pan de mur
le portrait du dictateur est intact
les mouches y déposent leurs chiures.

Les arbres calcinés
tiennent debout.
Quand le vent les secoue, il tombe des oiseaux
        desséchés.
Aucune main d'enfant ne les ramasse.
Couverts de poussière, ils roulent avec les ronces.

C'est cela le désert
Une douleur ramenée en ville
ou dans un village de la montagne.

The eyes are holes where flies live
the mouth is a tear
and the skin remembers nothing.

Guests arrived saying: "War is not an excuse!"
But the house is no longer a dwelling
it is absence and silence.
On a section of wall
the portrait of the dictator is intact
flies deposit their droppings upon it.

The charred trees
remain standing.
When the wind shakes them, withered birds fall.
No child's hand picks them up.
Covered with dust, they roll among the thorned
      branches.

This is the desert
Pain carried back to the city
or a mountain village.

Il vient de ce territoire une pluie ocre et un vent qui
apporte de mauvaises nouvelles :
« Ahmed fils d'Ali a donné son âme à la patrie.
Martyr, son corps ne peut être rendu. Il nourrit la
terre. . . »

Celui qui erre aujourd'hui dans le sommeil des
	autres
n'est pas un martyr.
C'est un arbre de cendre
un vaisseau sans armure
une statue aveugle.

Une voix monte d'un puits sec
elle vient d'un siècle très ancien
quand Babylone était une prière.
A l'époque le monde ne pouvait mourir
les enfants disaient : « Le monde est souffrant mais
	il ne va pas mourir ! »

Il est une beauté dissoute dans la pierre
une ville

From this territory comes an ochre rain and a wind
carrying ugly news:
"Ahmed son of Ali gave his soul to the nation. Mar-
tyr, his body cannot be returned. He nourishes the
land . . ."

He who drifts today in others' sleep
is not a martyr.
He is a tree of ashes
a ship without armor
a blind statue.

A voice rises from a dry well
from a very ancient century
when Babylon was a prayer.
In that time the world could not die
the children said: "The world is suffering but will
    not die!"

Beauty dissolved in stone
a city

un squelette de ville
assis dans un fauteuil
hospice où viennent dormir les cadavres de paille.

Bagdad n'a plus de ventre
elle a ouvert ses veines
pour un peuple qui a faim.
Sur le front le portrait du fossoyeur est indemne.

De ce ciel si blanc
tombe un masque funèbre,
une voix :

C'est de notre destin qu'il s'agit même si nous
    désirons rester anonymes.
Mais la terre nous tire ; elle nous avale puis nous
rend à l'eau saumâtre du fleuve.
Nous flottons sur le dos, le ventre enflé
nos yeux fixent le soleil
nous n'avons plus d'yeux, mais des orbites qui
    gardent captives des images.

a skeleton of a city
seated in an armchair
home for straw cadavers who come to sleep.

Baghdad no longer has a stomach
it opened its veins
for a hungry people.
On its face the portrait of the gravedigger
     remains untouched.

From this sky so white
falls a death mask,
a voice:

Though we may wish to remain anonymous, it is
     our destiny at stake.
The land draws us in; swallows us then gives us
to the brackish river water.
We float on our backs, stomachs swollen
eyes staring at the sun
we no longer have eyes, only sockets imprisoning
     images.

Notre peau n'est plus notre peau.
On nous l'a retirée comme une robe volée
comme un suaire prêté.

Les brûlures glissent comme le souvenir de nos
      larmes
et nous restons sans miséricorde.

Est-ce un orage ou est-ce le portrait de notre
      défaite
se dessinant dans les nues?
Vaincus nous le sommes par nous-mêmes
et l'abîme est notre héritage.

Une autre voix :

Je ne dirai pas nous
parce que je voudrais vomir
mais je n'ai plus d'estomac
je n'ai plus de corps
je suis un sac

Our skin is no longer our skin.
They have pulled it off us like a stolen cloak
a borrowed shroud.

The burns slide off like the memory of our tears
and we remain without mercy.

Is this a storm or is this the portrait of our defeat
pictured in the clouds?
We are defeated by our own hand
and the abyss is our inheritance.

Another voice:

I will not say we
because I would like to vomit
but I no longer have a stomach
I no longer have a body
I am a bag

un sac de jute plein de terre
je suis un champ en haut d'une falaise
je suis un champ de pierres où dorment les serpents
j'ai froid dans mes membres séparés
est-ce cela l'enfer
avoir froid dans le corps fantôme?
Qui parle du fond de cette fosse?

Moi?
Je ne suis plus.

D'une autre fosse, une autre voix :

Je me suis endormi. Nu.
Mes pieds dans les brodequins du mort.
J'ai attendu la gloire
et c'est le verbe qui nous recouvrit la peau.
Le verbe
moisissure de temps immobile.
Je me suis endormi dans d'autres corps vidés de
    leurs entrailles
ils étaient encore tièdes

a burlap sack full of earth
I am a field above a cliff
I am a field of stones where snakes sleep
My dismembered limbs are cold
is this hell
to be cold in a phantom body?
Who speaks from the bottom of this grave?

Me?
I am no longer.

From another pit, another voice:

I fell asleep. Naked.
My feet in death's boots.
I expected glory
and it is the word that covers our skin for us.
The word
mold of stilled time.
I fell asleep in other bodies gutted of their entrails
they were still warm

cela qui bouge n'est pas un bras
c'est un chat affamé frappé par la foudre.

Nos paroles sont tombées dans la fosse
ce ne sont plus des mots
mais sève gluante dans la boue et la honte.

On me dit : le deuil de nous-mêmes est dans le
        regard des enfants.
Qui leur dira l'histoire de nos défaites?
Nous croiront-ils?
Je les vois cracher sur les visages défunts
tant de verbes inutiles.
Ah le verbe, les mots, la litanie des affamés
pain amer enfoui dans la terre basse
je les vois courir ramasser nos savates
ils font un feu avec des poèmes écrits par des
        généraux
et incendient notre mémoire.
Ils ne crachent plus.
Ils ne parlent plus.
Ils oublient.

what moves is not an arm
it is a starving cat struck by lightning.

Our speech fell into the grave
there are no longer words
only sticky liquid in the mud and shame.

They tell me: the grief for us is in the eyes of our
    children.
Who will tell them the history of our defeats?
Will they believe us?
I see them spit on the dead faces
so many useless verbs.
Oh the verb, the words, the litany of the famished
bitter bread buried in the low ground
I see them run to pick up our worn-out shoes
they make a fire with the poems written by
    generals
and burn our memory.
They no longer spit.
They no longer speak.
They forget.

Image sur image
voix dans la rivière
sommeil éternel dans le lit des blessures
des papillons noirs escortent notre silence.
J'ai revu le rêve
c'est l'essentiel du temps qui nous déchire :
une maison en bois cernée de lierre aux feuilles
    luisantes.
Cette maison n'est pas de ce pays.
Depuis la guerre
elle flotte sur le fleuve
en décrépitude.
Le lierre a jauni
deuil des origines
exil des racines.
L'image est rendue à l'âme éteinte
rêve fuyant
ou est-ce moi qui me poursuis du fond de la glaise?
Je n'ai plus de pieds pour courir
et mes bras sont dans la fosse voisine.
Mes yeux sont introuvables
et mon sexe a été mangé par les oiseaux.
Qui viendra ramasser mon corps?
Qui en collera les membres et ira les déposer
offrande légère au seuil de ma maison?

Image upon image
voice in the stream
eternal sleep in the bed of wounds
black butterflies surround our silence.
I saw the dream again
it is time's core that rips us to pieces:
a wooden house covered by gleaming ivy.
The house does not belong to this country.
Since the war
it drifts on the river
decaying.
The ivy yellowed
grieving its origins
exiled from its roots.
The image returned to the exhausted soul
receding dream
or is it I who pursues myself from under the ground?
I no longer have feet for running
and my arms are in the neighboring grave.
My eyes cannot be found
my sex was eaten by birds.
Who will come to collect my body?
Who will attach its limbs and place them
on the threshold of my house, an almost weightless
        offering?

Qui redonnera un nom à ma femme et un visage à
    notre passé?
Qui se souviendra des matins masqués
où un bras métallique raflait les enfants?
« C'est pour le front »
« Pour la Patrie » disait-on.
C'est une image qui tombe
foulée par les pieds nus des adolescents.
« C'est pour la Victoire », le ventre ouvert,
d'où s'échappent des moineaux meurtris.
La Mère des Victoires est un immense cimetière
sans stèles et sans prières
sans arbres et sans chats
un grand territoire où le sang des mots et des
    hommes
s'est mêlé aux sables.

Autre voix :

Et moi
je refuse la prière de l'absent
la gloire posthume et la rose d'argile
je ne suis ni soldat ni martyr

Who will return a name to my wife and a face to
    our past?
Who will recall the masked mornings
when a metal arm snatched the children?
"It is for the front"
"For the Nation" they said.
It is an image that falls
trodden by the adolescents' bare feet.
"This is for Victory", open stomach,
from which wounded sparrows flee.
The Mother of Victories is an immense cemetery
without gravestones and without prayers
without trees and without cats
a great expanse where the blood of words and of
    people
mingle in the sand.

Another voice:

And me
I refuse the prayer for the dead
the posthumous glory and the rose made of soil
I am neither soldier nor martyr

je suis cordonnier et j'ai oublié mon nom
je suis artisan et j'aime les chansons d'amour
j'aime le miel et l'huile d'olive
j'aime l'araq et la fleur d'oranger
je suis petit dans ma rue
je suis petit dans la vie
et là je n'ai plus de sang à verser
je n'ai plus faim ni soif
j'ai un peu froid
et je n'ai plus de larmes à retenir.

Pourquoi notre histoire est semée de défaites?
Est-ce la débâcle des paroles?
Une poussière blanche tombe sur le visage
c'est un peu du ciel qui nous ferme les yeux.

Dans leur chute
les étoiles perdent la lumière
elles s'écrasent dans ce désert sans faire de bruit.
Il est tard pour notre Destin.
Nous arrivons toujours en retard pour vivre
mais pour mourir ils disent que nous sommes prêts.

I am a shoemaker and I have forgotten my name
I am an artisan and I like love songs
I love honey and olive oil
I like arak and orange blossoms
I am small on my street
I am small in life
and here I have no more blood to pour
I am no longer hungry nor thirsty
I am a little cold
and I have no more tears to hold back.

Why is our history littered with defeats?
Is it a failure of language?
A white dust falls on our faces
a little bit of sky that shuts our eyes.

In their fall
stars lose light
crash without a sound in this desert.
It is late for our Destiny.
We are always arriving too late for living
but for dying they say we are ready.

Nos enfants aussi. Légers comme des papillons ils
  sautent en chantant,
ils sautent sur des mines et leurs corps s'éparpillent
en fumée et en cendre.
Il pleut des cendres sur nos vies.
Quelles vies?
Un peu de soleil dans l'abîme
corps nubiles
cerfs-volants
visages blêmes et regards suspendus
dans ce bol de cendres mêlées.

Nos enfants ne sont plus des enfants.
Emportés par le vent
ils retombent en pétales obscurs sur nos mains qui
  tremblent
dans un champ de pierres sans mémoire.

Nous sommes égarés.
Nous le sommes depuis longtemps.
Nos guides marchent sur nos épaules.
Ils sont toujours armés.
Ils ne savent ni chanter ni danser

Our children too. Light as butterflies they leap
        singing,
they leap on mines and their bodies scatter
smoke and ash.
It rains ash on our lives.
What lives?
A little sun in the abyss
nubile bodies
kites
pallid faces and interrupted gazes
in this bowl of intermingled ashes.

Our children are no longer children.
Taken by the wind
they fall again as dark petals on our trembling
        hands
in a field of stones without memory.

We are lost.
We have been so for a long time.
Our guides march on our shoulders.
They are always armed.
They do not know how to sing or dance

mais ils écrivent des poèmes mièvres
et des discours sans lueur.
Ils crachent sur les visages anonymes
comme dans les festins des temps anciens.

Nos paroles ne traversent pas la pierre humide.
Elles retombent au fond du puits en dessinant des
    cercles à l'infini.
Nos visages se défont dans l'eau lourde
et nous demeurons seuls
tête et mains contre le mur
à égrener nos rêves d'hommes libres.

Le soldat brisé par la faim
n'a plus de corps à nourrir.
Il dort à présent
le visage effacé par les flammes.
Il coule dans le fleuve comme une mémoire qui
    rejoint la mer.

Le soleil regarde.
Il ne quitte plus son zénith.

they write mawkish poems
and dull rhetoric.
They spit on anonymous faces
as at the feasts of ancient times.

Our words do not pass through the damp stone.
They fall back to the bottom of the well, casting
    never-ending circles.
Our faces come undone in the heavy water
and we remain alone
head and hands against the wall
peeling away our free men's dreams.

The soldier broken by hunger
no longer has a body to feed.
He is sleeping now
face obliterated by flames.
He flows in the river like a memory rejoining the
    sea.

The sun watches.
It no longer leaves its zenith.

Son regard brûle la terre et la peau.
Aucune main n'est venue se poser sur le front de
   cet enfant
la brûlure ne vient pas du soleil mais du gaz.
On a couvert deux villages d'une moustiquaire de
      mort
enfants et bêtes figés dans leur sommeil
une mort tranquille à Halabja et à Anap en cette
brève nuit du seize mars mille neuf cent quatre-
vingt-huit.

Voile et linceul sont tombés en douceur
pour la paix éternelle.
Corps emmitouflés dans le silence
et sourires suspendus comme un rêve pris en photo.
On a coupé le souffle en saupoudrant la vie
      endormie.
L'homme qui s'est pris pour l'astre des cœurs
   « lugubrés »
est un homme qui dort et fait des rêves
aucune de ses victimes ne le rejoint dans son
      sommeil
fossoyeur méthodique
il agit à voix basse.

Its gaze burns land and skin.
No hand has come to rest on the forehead of this
    child
the burn does not come from sun but from gas.
They covered two villages with a net of death
children and animals gone rigid in their sleep
a quiet death in Halabja and in Anap on this brief
night the sixteenth of March nineteen hundred and
eighty-eight.

Veil and shroud fell gently
for an eternal peace.
Bodies wrapped in silence
and smiles suspended like a dream caught in a
    photograph.
They cut off breath, sprinkling the sleeping lives.
The man who thought himself the star of
    "melancholy" hearts
is a man who sleeps and dreams
none of his victims join him in sleep
methodical gravedigger
he works in silence.

Moha descendit dans le puits, trempa ses pieds dans l'eau noire puis dit : C'est cela ma mémoire. C'est cela notre gloire. Du goudron et des clous rouillés. Des charognes et des chaussures déchiquetées. Le jour est moins sûr et la nuit tombe dans la nuit sans que la lumière écrive une parole, un chant, sans qu'elle dessine une porte, une faille dans l'acier qui nous retient captifs.

Cet instant, je l'inscris dans le Livre des hommes. Qu'ils se souviennent d'une saison tissée de cruauté et qu'ils disent aux hommes qui viendront après : ce qui est arrivé n'est jamais arrivé ; l'oeil qui a vu n'a rien vu ; la main qui a frappé n'est qu'une bourrasque; la bouche qui a hurlé fut une erreur dans le fracas des armes englouties dans le sable. C'est du fond du puits, c'est du fond des âges que les mots arrivent. C'est de ce lieu, arrière-pays de la démence, qu'on mesure le temps. Le nôtre a l'allure d'une destinée.

Quelle destinée ! Mes frères, mes tueurs !

Tous les cent ans surgit de nos marécages non un prophète, pas même un homme, mais un oiseau à tête de cheval, assez grand pour cacher le soleil, assez lourd pour perpétuer la nuit, arrachant la peau, les songes et l'espoir.

Et nous

Moha lowered himself into the well, soaked his feet in the black water, then said: This is my memory. This is our glory. Made of tar and rusty nails. From corpses and mangled shoes. Day is less certain and night falls inside night without the light having written a word, a song, without having outlined a door, a flaw in the steel that holds us captive.

This moment, I inscribe it in the Book of Men. So men will remember a season woven from cruelty so they will say to the men who will come after: what has happened never happened; the eye that saw saw nothing; the hitting hand was nothing but a gust of wind; the screaming mouth a mistake in the chaos of weapons swallowed by the sand. It is from the bottom of the well, from the depths of time, that words come. From this place, lunacy's hinterland, we begin measuring time. Ours has the look of fate.

What fate! My brothers, my killers!

Every hundred years there emerges from our swamps not a prophet, not even a man, but a bird with the head of a horse, big enough to hide the sun, heavy enough to perpetuate night, tearing out skin, dreams, hope.

And we

nous sommes là

immobiles

figés par la peur et la fièvre

notre dignité ramassée dans la paume de la main

notre dignité : quelques gouttes d'une eau rare, de
la rosée ou de la pluie

notre dignité lentement se couche dans le temps de
    l'agonie.

Ô traîtres! Mes frères endormis!

En vain s'interpose l'ennemi entre le verbe et le
    corps.

Nous mourons par quantité grandiose et
    négligeable

et personne ne se souvient du nom, de l'oeil ouvert

et du matin abrupt qui nous aligne dans une guerre

que nous n'avons pas faite.

Qui dira aux enfants de nos enfants que l'histoire
arabe n'est plus un conte oriental, une histoire
d'amour et de jardin parfumé, une passion où la cru-
auté est un malentendu, où la mort est pudique, où
la vie est un chant à quatre saisons.

we are here

immobile

frozen by fear and fever

our dignity collected in the palm of a hand

our dignity: a few drops of rare water,

dew or rain

our dignity slowly lays itself down in this time of
   agony.

O traitors! My sleeping brothers!

In vain, the enemy positions itself between the
   word and the body.

We die in grandiose and negligible quantities

and no one remembers the name, the open eye, the

abrupt morning that lined us up in a war we did not

make.

Who will tell our children's children that Arab history is no longer an oriental tale, a story of love and perfumed gardens, of passion in which cruelty is a misunderstanding, death discreet, and life a song with four seasons.

Avant

il y a de cela longtemps

j'habitais dans un arbre, puis dans un cimetière.

Ma tombe était sous un chêne. Des chiens et des
hommes pissaient sur ma tête. Je ne disais rien. De
petites fleurs mauves, sans parfum, poussaient là.

Je n'avais rien à dire.

Aujourd'hui des pelles m'ont ramassé et jeté dans
    ce puits.

J'arpente l'abîme.

Je descends. Je suis suspendu.

Les cendres fument encore. Elles montent,
    m'enveloppent puis retombent,

poussière grise qui fait de mon corps un sablier.

Je suis friable. Je suis une vieille roche délaissée.

Je suis sable et temps.

Je suis sans visage.

Je nourris la terre et verse mes paroles dans le
    sang de la terre.

J'irrigue les racines d'arbre au printemps tardif.

Je compte les jours et les morts pendant que des
hommes transportent leur maison sur le dos.

Before

a long time ago

I lived in a tree, then in a cemetery.

My tomb was under an oak. Dogs and men pissed
on my head. I said nothing. Little mauve flowers,
scentless, grew there.

I had nothing to say.

Today shovels picked me up and threw me in this
     well.

I pace the abyss.

I descend. I am suspended.

The ashes still smolder. They rise, surround me,
     then fall again,

grey dust that makes my body a sand-filled
     hourglass.

I crumble. I am old abandoned rock.

I am sand and time.

I am faceless.

I nourish the land and pour my words into the
     land's blood.

I irrigate the tree roots in late spring.

I count the days and the deaths while

men carry their households on their backs.

Une vie ramassée dans une couverture
une vie ficelée
elle ne pèse pas lourd.
La vie n'est plus la vie
pas même dans le regard d'un enfant qui croit
    partir en voyage.
Ah! Mes frères, mes fossoyeurs, mes déterreurs!
Ah! Mes nuits fastes où la lumière est cinglante,
que réservez-vous encore à ce siècle qui nous
    expulse?

Œil inversé dans une mare d'eau trouble
ce n'est pas un miroir
ni le reflet d'un souvenir
ni la rumeur d'une fête brisée
c'est une pluie de toutes les cendres
pétales d'une fleur inconnue
écailles d'un ciel sous le ciel
poudre argentée qui vacille avec l'éclair
c'est cela le visage de notre dernier visage
quand plus rien ne résiste
quand la lumière nous trahit
et nos enfants nous maudissent.

A life gathered up in a blanket
a life tied in a bundle
does not weigh much.
Life is no longer life
not even in the eyes of a child who believes she is
    going on a trip.
Oh! Brothers, my gravediggers, my exhumers!
Oh! Fortunate nights filled with scathing light,
what do you still have in store for this century that
    expels us?

Sight inverted in a pool of turbid water
this is no mirror
not memory's reflection
nor the rumor of an exhausted celebration
this is rain made from all the ashes
petals of an unknown flower
scales from a sky under the sky
silvery powder that flickers in the flashes
this is the face of our last face
when nothing more resists
when light betrays us
and our children curse us.

Nous aussi « notre besoin de consolation est
    impossible à rassasier »
et nos pieds sont fêlés comme la terre
comme le passé et les légendes des ancêtres.
Nous marchons de nuit
nos fils ficelés dans le dos
enroulés dans une veste
une mère a retiré sa robe et en a fait un linceul
    pour l'enfant éteint.
Nous laissons nos empreintes sur le flanc de la
    montagne
nous ne nous retournons pas pour les voir
nous marchons comme d'autres peuples ont pris le
    large
les yeux bandés par la haine.
Nous marchons et la vie s'éloigne
c'est son rire qu'on entend
quand le ciel s'ouvre
quand l'oiseau descend
quand la terre se fissure.

C'est le jour qui se retire
et nous laisse nus.

We too, "our need for consolation is impossible to
     satisfy"
and our feet are cracked like the earth
like the past and the legends of ancestors.
We walk at night
our sons tied on our backs
wrapped up in jackets
from a dress a mother has made a shroud for the
     extinguished child.
We leave our footprints on the mountain's flank
we do not turn around to look at them
we walk like other peoples who have fled
eyes blindfolded by hate.
We walk and life grows distant
it is its laughter we hear
when the sky opens
when the bird descends
when the earth cracks.

It is day that withdraws
and leaves us naked.

Nous marchons, les pieds drapés dans de vieux
      tissus.
Nos mains ne voient plus l'avenir
nos mains sont devenues inutiles
En nous le feu bute contre la pierre.

Que de peuples ont connu notre exil
avec baluchons et barbelés
ils ont vécu sur la terre des autres
ils ont prié un dieu absent
ils ont pleuré une patrie perdue
et les enfants ont craché sur les larmes.

Nous marchons
dépouillés non par vertu mais par nécessité
nos objets nous suivent et nous narguent
notre histoire est chargée
comme une vieille mule
La bête nous devance
lourde et millénaire.

We walk, feet wrapped in old cloths.
Our hands no longer see the future
our hands have become useless
Inside us fire stumbles against stone.

So many peoples have known our exile
with bundled clothes and barbed wire
they lived on others' land
they prayed to an absent god
they cried for a lost country
and the children spat on their tears.

We walk
dispossessed not due to virtue but to neccesity
our belongings follow us and scoff
our history is burdened
like an old mule
That beast leads the way
heavy and ancient.

Ô Gens du Bien!
Vous qui parlez de dignité et de courage
vous qui parlez comme des dictionnaires
vous qui érigez la Loi et le Droit
dites-nous si nous sommes dignes sous terre
corps et âmes confondus
sans nom
sans dates
riches de nos vertus posthumes
et des fleurs sauvages sur des tombes présumées.
Dites-nous où ranger nos livres et nos chapelets
où jeter les cailloux qui encombrent la bouche
où déposer les dernières volontés
le souffle qui s'évapore avec l'eau du fleuve
        immobile.

Nous avons acquitté les dettes dans l'agonie
        tournante
en creusant le sable avec nos têtes dures
avec nos corps implacables

venus de tous les hivers
messagers de l'effroi qui soudain nous gouverne.

O Just People!
You who speak of dignity and courage
you who speak like dictionaries
you who establish Law and Justice
tell us if undergound we have dignity
bodies and souls mixed together
without names
without dates
rich in our posthumous virtue
and in wild flowers on our presumed graves.
Tell us where to put our books and our prayer
        beads
where to throw the pebbles that fill our mouths
where to set down our last wishes
the breath that evaporates with the still river's water.

We settled our debts in twisting agony
digging into the sand with our hard heads
our implacable bodies

come from every winter
messengers of the horror that suddenly governs us.

Nous avons fixé le ciel
las de brûler ses astres
et déposé nos testaments dans une barque de
	pêcheur.

Sur la rive du fleuve des femmes voient des
	statues
marcher sur l'eau elles rêvent
Mais pourquoi pleurent-elles?
Est-ce la nuit qui les pousse vers les corps saignés?
Des caves sortent les ombres «faire la guerre»
	disent-elles
mais les maisons s'effondrent
et les montagnes voyagent
en nous laissant.

A nous le coeur manque.
En sa jeunesse enfoui dans la roche
le jour se hisse au-delà de l'aride.
Un souffle, un seul souffle est nécessaire
pour dire
mais le portrait du fossoyeur veille.

We stilled the sky
weary of burning its stars
and set down our last will and testaments in a
    fisherman's boat.

On the riverbank women see statues
walking on the water, they are dreaming
But why are they crying?
Is it night that pushes them toward the bodies
    drained of blood?
From cellars come the shadows "to make war" they
    say
but the houses collapse
and the mountains travel
leaving us.

Our hearts are missing.
Buried under the rock in its youth
now the day hoists itself above the arid land.
A breath, a single breath is necessary
for telling
but the gravedigger's portrait keeps watch.

Le «Sauveur de la Nation» n'est qu'un oiseau
    funeste
il a asséché le fleuve.
A la source des eaux
aucune pierre ne porte le nom des disparus
aucun signe n'est envoyé par l'aube.
Pour un destin qui s'achève
le temps qui arrive fait halte dans les demeures
    vides
le soleil passe comme une main sur les murs
efface la trace des ensevelis
sel d'une terre mal-aimée.

Ils ont compté leurs morts.
Des mains délicates
des mains gantées de blanc les ont retirés au sable
des bras robustes les ont déposés dans les cercueils.
Le deuil de rigueur les livra recouverts du drapeau
    et de la légende.
Le jour les accompagna jusqu'au cimetière.

Ils ont nommé leurs morts
corps entiers et âmes anoblies

The "Savior of the Nation" is only a death bird
he has dried up the river.
At the waters' source
not a single rock carries the name of the disappeared
not a single sign is sent by the dawn.
For a destiny that draws to a close
the approaching time visits the empty dwellings
the sun passes like a hand over the walls
erases the traces of the dead
salt of a badly loved land.

They counted their dead.
Delicate hands
white-gloved hands pulled them from the sand
strong arms set them in coffins.
Official mourning lifted them covered with flag
    and myth.
The day accompanied them as far as the cemetery.

They named their dead
whole bodies and ennobled souls

don aux vertes prairies
pour le souvenir sous verre
et l'ombre douce
et la grâce des cieux.

Qui comptera nos morts ?
tas de cendre oubliés au bord de la route
membres épars dans les carcasses abandonnées.

Qui nommera ces restes ?
Nous ne sommes qu'épaves sans navire
ombres du vent sur des collines perdues
couchés sur flanc d'airain
par le signe céleste.

Ô vous, hommes puissants,
un siècle de mort vous rejoint :
cette poussière ocre à l'horizon, ce sont les Peaux-
        Rouges qui se lèvent.
Eux aussi marchent
pieds nus sur la terre brûlée.
Éternels.

gifts to green prairies
for memory under glass
and gentle shadows
and heaven's grace.

Who will count our dead?
heap of ashes forgotten by the roadside
limbs scattered among abandoned carcasses.

Who will name these remains?
We are wreckage without a ship
shadows of wind on lost hills
laid on our bronze sides
by heaven's sign.

O you, powerful men,
a century of death meets you:
this ochre dust at the horizon, these are the Red
    Skins who are rising.
They too walk
barefoot on burnt land.
Eternal.

Ce corps qui fut un corps
a sombré dans le rêve.
Il parle en fendant la terre
cherchant sa maison, sa femme et ses enfants.
Il rôde sous vos pieds à l'heure où les tambours se
    taisent.
C'est une voix qui n'est oublieuse de rien
elle effleure les mains innocentes
fouille dans le sommeil paisible
se dérobe sous le feu liquide des mots
et devient un visage

                une parole

                    une vie.

L'homme se relève comme s'il avait été happé par
le vide. Il secoue son manteau : une poussière ar-
gentée s'en détache ; des moineaux et des bagues
en tombent. Il ne les voit pas. Attache les lacets de
ses chaussures. Passe la main sur le front, lisse sa
moustache et cherche un chemin vers l'horizon. Il
marche sans se retourner. Une lumière le guide.
Une forêt le suit : des arbres sans sève, sans chair,
des arbres noircis par la démence des hommes et du
ciel marchent sur ses pas.

This body that was a body
has sunk in a dream.
It speaks splitting the earth
searching for its house, its wife and children.
It roams under your feet when the drums quiet.
This is a voice forgetful of nothing
brushing against innocent hands
rummaging inside peaceable sleep
giving way beneath the liquid fire of words
and becoming a face

        a word

           a life.

The man gets up as if he had been snatched by emptiness. He shakes his coat: a silver dust comes off it: sparrows and rings fall from it. He does not see them. Ties his shoelaces. Runs his hand over his forehead, smooths his moustache and looks for a path toward the horizon. He walks without looking back. A light guides him. A forest follows him: trees without sap, without flesh, trees blackened by the dementia of men and sky walk in his steps.

Cet homme est tous les hommes. Il a fait toutes les guerres. Il est mort plusieurs fois. Il ne cesse de renaître. Toujours le même, il croit à l'âme, à la pensée et aux choses : une prairie fleurie, un parasol pour l'amour, le rire et l'amitié, l'enfance et le courage. . .
Cela fait des milliers de jours et de saisons qu'il marche. On dit qu'il est atteint d'errance. On dit qu'il est fou. Sa bouche est fermée sur des siècles de mots. Ses yeux, grands et étincelants, restent ouverts. Ils voient loin, au-delà des murs et des montagnes. Au-delà de tous les silences.

Février-avril 1991

This man is all men. He has waged all wars. He has died several times. He does not cease to be reborn. Always the same, he believes in the soul, in thought and in objects: a flowering prairie, a parasol for love, laughter and friendship, childhood and courage . . . It has been thousands of days and seasons that he has walked. They say he has gone mad from wandering. They say he is insane. His mouth is closed on centuries of words. His eyes, large and sparkling, remain open. He sees far, beyond walls and mountains. To the other side of all the silences.

February-April, 1991

Non identifiés

Unidentified

1er février 1983

Est-ce une statue qui se lève dans le vent de la
    flamme
est-ce le ciel qui descend, robe de cendre sur
    l'orient de ces visages
et les mains posées dans le sommeil sur d'autres
    mains
œuvre immobile
morte sous les hardes de la nuit.
Une nuit et un pays sans gîte
rôdent autour de ces corps déposés sur le flanc de
    la colline.
Douleur
levée pierre et dalle
stèle pour un verset inutile
la ville de Saïda est dispersée dans ces yeux
    mangés par la terre.
Tel est l'ouvrage de la mort et du soleil :
hommes décomposés non identifiés :
le visage effacé a emporté le nom.

February 1, 1983

Is this a statue that rises on the flame's wind
is this the sky that descends, a robe of ash on the
      east side of these faces
the hands resting in sleep on other hands
a motionless oeuvre
dead beneath night's rags.
A homeless night and homeless country
prowl around these bodies deposited on the
      hillside.
Pain
lifted stone and gravestone
stele for a useless verse
the city of Saïda is scattered in these eyes eaten by
      the land.
Such is the work of death and sun:
unidentified decomposing men:
face and name obliterated.

Sur le ventre ouvert du pays
un enfant dépose une branche cendrée
est-ce le bras ou la main qui sont calcinés?
Le corps minuscule n'est qu'un visage
une lumière brève sur les lèvres
et le poids immense des regards dévastés.

On the country's open stomach
a child sets a charred branch
is it the arm or the hand that is burned to ash?
The tiny body is only a face
a brief light on its lips
and the immense weight of ruined sight.

Imad Rachid Ismaën

Il venait de sortir du camp d'El Ansar
il se disait être le sel et la roche pour sa mere
la fièvre et la voix pour son peuple
l'arbre et l'oiseau pour sa fiancée
le cimetière pour les martyrs et la fête de l'été.

Il se disait palestinien
né dans un camp sous la tente
il avançait lentement face au soleil sur les pierres
    de Borj El Shemali.

Imad Rachid Ismaën avait vingt-deux ans, une
    barbe
et une terre dont il disait être le cadastre.

Imad Rachid Ismaën

He had just left El Ansar camp
he thought himself the salt and the rock for his
    mother
the fever and the voice for his people
the tree and the bird for his fiancée
the cemetery for the martyrs and summer's
    celebration.

He called himself Palestinian
born in a camp in a tent
he headed slowly facing the sun on the stones of
    Borj El Shemali.

Imad Rachid Ismaën was twenty-two years old,
    had a beard
and a piece of land for which he claimed to be the
    cadastre.

On a réveillé les morts
pour leur faire la guerre
le cimetière ne regarde plus la mer
il se couvre de sacs de sable
pour veiller le sommeil des siens.

We have woken the dead
to make war on them
the cemetery no longer looks at the sea
it covers itself with sandbags
to keep vigil over its people's sleep.

Chafica Ali Kassem

A Aïn El Helweh
elle a déposé sur la nuit un manteau de cendre
ses doigts ont éparpillé le printemps
dans les yeux de ses deux fils
nés dans la strie de la roche
morte vêtue de cette neige tardive
enveloppée d'eau sale
au moment où l'occupant commençait le nettoyage
    du sol.

Était-elle grande ou petite?
Aimait-elle la musique, les chants du village, la
    source rêvée?
Elle travaillait la laine et chantait pour ne pas
    oublier.

Chafica Ali Kassem

At Aïn El Helweh
she put a coat of ash on the night
her fingers scattered springtime
into the eyes of her two sons
born in the groove of this dead rock
clothed in this late snow
shrouded in dirty water
at the moment the occupier began to clean the
    land.

Was she large or small?
Did she love music, village songs, the perfect
    source of water?
She worked wool and sang in order not to forget.

Ahmad Ali al-Sibaï

1er février 1983
Ils sont passés ici entre l'aube et le jour
le visage coulé dans le bronze
la mort était là
statue blanche debout sur l'horizon
les yeux bandés avec un vieux mouchoir.
Ils ont emmené Ahmad Ali al-Sibaï.
Le jour s'est levé dans un miroir éteint
la lampe à huile, lentement, s'est retirée.
Seul le corps d'Ahmad
frappé par un marteau
brûlé et découpé
recueillait les premières pluies de février
à Al Halaliyya.

Ahmad Ali al-Sibaï

February 1, 1983
They passed by here between dawn and day
faces cast in bronze
death was here
white statue upright on the horizon
eyes blindfolded with an old handkerchief.
They took Ahmad Ali al-Sibaï.
Day rose in a dulled mirror
the oil lamp went out, slowly.
Only the body of Ahmad
hit with a hammer
burned and cut up
collected the first rains of February
in Al Halaliyya.

Abd al Karim al-Safadi

22 février 1983
Sur le dos une croix à la peinture rouge
sur le regard un bandeau et des fourmis
le corps a enflé à Aïn Abi Lotf
quel âge avait Abd al Karim al-Safadi?
Qui le dira?
les pierres du camp? la rumeur du sang? le rapport
    de l'occupant?
ou sa petite fille qui court derrière une roue de
    bicyclette?
Déposé
fouillé
cet homme était né de toutes les guerres
venu de toutes les mers
sa patrie était dans la poitrine
il l'arpentait le jour et la veillait la nuit.

Abd al Karim al-Safadi

February 22, 1983
On its back a red painted cross
on its eyes a blindfold and ants
swollen body in Ain Abi Lotf
how old was Abd al Karim al-Safadi?
Who could say?
the stones in the camp? the rumor of blood? the
      occupier's report?
his little daughter who runs behind a bicycle
      wheel?
Dumped
searched
this man was born of all wars
arrived from every sea
his country was in his chest
he paced it by day and kept vigil over it by night.

Samia Hussein
Yusra Akel

15 mars 1983
Elles étaient voisines dans l'abîme du temps
la mort tournait autour de cette mémoire nomade
le bras tendu
le ventre doré d'écailles
la mort
dévorée par la terre et les chiens
marchait du rivage à la colline du thym.
Samia et Yusra étaient du deuil à Tell Zaatar
veuves ardentes et orphelines
elles déposèrent les souvenirs, la nuit et les rêves
    dans une chambre vide ;
elles ne dormaient plus.

Le rapport dit : « Dans la nuit du 15 mars, des hommes déclarant appartenir au Deuxième Bureau ont emmené les deux femmes palestiniennes. Une semaine après les mêmes hommes sont retournés dans l'immeuble et ont pris le frère de Samia, Mahmud, ainsi que Muhamad Saba, un parent. L'armée libanaise déclare ne pas détenir ces personnes. Tout porte à penser que ce sont les milices chrétiennes qui les ont enlevées. »

Samia Hussein
Yusra Akel

March 15, 1983
They were neighbors in time's abyss
death spun around this nomadic memory
arm outstretched
stomach gilded with scales
death
devoured by land and dogs
walked from the shore to the hill of thyme
Samia and Yusra mourned at Tell Zaatar
ardent widows and orphans
they left memories, the night and dreams in an
    empty room;
they did not sleep anymore.

The report says: "During the night of March 15th, men claiming to belong to the Second Branch took the two Palestinian women away. One week later, the same men returned to the building and took Samia's brother, Mahmud, as well as Muhamad Saba, a relative. The Lebanese Army states that it is not detaining these individuals. All signs indicate that it is the Christian militias who kidnapped them."

Abd al-Qader Hantach

8 avril 1983

Il avait une femme qui aimait rire trois enfants et
    un âne.

L'aîné était absent

on lui avait bandé les yeux et marqué son épaule
    d'une croix.

Hassan et Nahla veillaient

la maison le jour et l'arbre chagrin d'enfance.

Ils regardaient le ciel hôte inconvenant du
    malheur.

Abd al-Qader Hantach vendait du sable.

Ils le tuèrent par balles sur le littoral

et épargnèrent l'âne.

Il avait cinquante-huit ans et une immense saison
    apatride.

Abd al-Qader Hantach

April 8, 1983
He had a wife who loved to laugh three children
    and a donkey.
The eldest was gone
they had blindfolded his eyes and marked his
    shoulder with a cross.
Hassan and Nahla guarded
the house the day and the sorrowful tree of
    childhood.
They watched the sky unseemly host to misery.
Abd al-Qader Hantach sold sand.
They killed him on the shore with bullets
and spared the donkey.
He had known fifty-eight years and an immense
    season of statelessness.

10 avril 1983

Empreinte sur le mur
la main trempée dans l'encre noire
est illisible.
La ligne de la vie ne croise plus le chemin de
    l'amour.
La ligne de la chance a rencontré les sentiers de
    la mort.
Les syllabes du malheur sont ouvertes
le soleil les a posées sur les visages du sommeil
à Borj El Barajneh.

April 10, 1983

A print on the wall
the hand dipped in black ink
illegible.
The life line does not cross the love line any
      longer.
The luck line has run into death's pathways.
The syllables of misfortune are open
the sun has placed them on the faces of sleep
in Borj El Barajneh.

Ali Saleh Saleh

29 avril 1983
Ils ont ramené son corps dans une peau de
      mouton
sa tête et ses pieds nus dépassaient
blancs de poussière.
Lentement ses membres se sont couchés dans le
      jour
le sol s'est ouvert et l'a enlacé dans une infinie
      étreinte.
Il avait dix-sept ans
Ali Saleh Saleh
son premier amour à Saïda
la mort nouée aux hanches de l'arbre.

Ali Saleh Saleh

April 29, 1983
They brought his body back in a sheep skin
his head and his naked feet stuck out
white with dust.
Slowly his limbs laid down into the day
the ground opened and wrapped him in its infinite
    embrace.
He was ~~twenty-seven~~ _seventeen_ years old
Ali Saleh Saleh
his first love in Saïda
death knotted in the tree's haunches.

Khodr Saïd Mohammed

27 avril 1983
Ce corps que les mouches déshabillent
a la main tendue vers la mer.
L'index désigne une barque de pêcheurs
sur la rive du silence.
Un soleil se lève pour le nommer :
Khodr Saïd Mohammed.

Khodr Saïd Mohammed

April 27, 1983
This body the flies undress
hand outstretched toward the sea.
The index finger points to a fishing boat
on the shore of silence.
A sun rises to name it:
Khodr Saïd Mohammed.

Ibrahim Khodr Najjar

14 avril 1983
Ibrahim Khodr Najjar
ne vivra plus parmi les ronces du cimetière.
Feuille dépliée dans la poussière
la tête souveraine
emportée par les flots du fleuve
son corps de petit commerçant
ne sera jamais cette mémoire périmée
au jour faste de l'oubli.

Ibrahim Khodr Najjar

April 14, 1983
Ibrahim Khodr Najjar
will not live any longer among the graveyard's
    brambles.
Sheet unfolded in the dust
sovereign head
taken by the river's currents
his shopkeeper's body
will never be an outdated memory
on the fortunate day of forgetting.

Fatima Abou Mayyala

Ils sont entrés par le toit
ils ont fermé portes et fenêtres
ils ont enfoncé une poignée de sable dans la bouche
    et narines de Fatima.
Leurs mains déchirèrent son ventre
le sang était retenu
ils urinèrent sur son visage.
Fatima prit la main de la statue
et marcha légère parmi les arbres et les enfants
    endormis.
Elle atteignit la mer
le corps dressé au-dessus de la mort.

Fatima Abou Mayyala

They came in through the roof
they closed the doors and windows
they stuffed a fistful of sand into her mouth and
    nostrils, Fatima.
Their hands ripped her stomach
blood pooled
they urinated on her face.
Fatima took the statue's hand
and walked lightly between the trees and the
    sleeping children.
She reached the sea
her body raised above death.

Ibn Hassan Mokaddam

19 juillet 1983
Il disait à son père :
nous sommes nés dans l'écorce de la douleur
une cicatrice sur le front
nous sommes nés sur un rocher à l'insu du jour
nous sommes nés avec des yeux plus grands que le
    visage
avec une peau plus large que le corps.
On nous a dit que la terre est en nous, dans la cage
    thoracique
avec un verger et des miroirs
une source d'eau et des sacs de sable.
Il disait :
je suis un cimetière où les morts font lever le soleil
où les enfants inversent le deuil dans l'exil du poème.

Ibn Hassan Mokaddam habitait à Ras En-Nabaa.
Il avait vingt ans.
Les balles ont traversé son corps, ses champs, ses
    prairies et ses poèmes.

Ibn Hassan Mokaddam

July 19, 1983
He told his father:
we are born in pain's skin
a scar upon our foreheads
we are born on a rock unbeknownst to the day
we are born with eyes bigger than our faces
with skin larger than our bodies.
We were told that the land is in us, inside our
    rib cage
an orchard and mirrors
a water source and sandbags.
He said:
I am a cemetery where the dead make the sun rise
where the children invert mourning inside the exile
    of the poem.

Ibn Hassan Mokaddam lived in Ras En-Nabaa.
He was twenty years old.
The bullets traveled through his body, his fields,
    his prairies and his poems.

Une main crispée sur le vide

a abandonné son corps pour être statue sous les
décombres.

Elle ne tient rien

mais froisse le jour et son visage

éternelle sur un amas de terre blanche.

Elle regarde la mer et se souvient :

elle a caressé une épaule nue un soir dans un café
de la montagne ;

elle a tremblé puis s'est retirée pour se poser sur
l'autre main.

A présent, le vent la recouvre d'une poussière
venue de loin, peut-être du Yémen ;

il dépose entre ses doigts un peu de sel

et quelques feuilles d'un arbre blessé.

A hand clenched on emptiness
abandoned its body to become a statue beneath the
	rubble.
It holds nothing
but crumples day and its eternal
face on a pile of white earth.
It looks at the sea and remembers:
it caressed a bare shoulder one evening in a
	mountain cafe;
trembled then withdrew to rest on the other hand.
Now the wind covers it with dust from far away,
	perhaps from Yemen;
it deposits a little salt between the fingers
and a few leaves from an injured tree.

Que ne donnerait-il ce visage déjà enfoui dans la
terre pour qu'un souvenir tremble dans un miroir
lointain
pour qu'une main familière lui lave la poitrine, là
où le sang s'est caillé sur le sable.
Que ne donnerait-il pour que le regard se penche
jusqu'à entendre des mots simples murmurés par
la femme aimée au moment où les enfants font
semblant de dormir.
Lentement son corps s'est vidé
sang mêlé au flux de la mémoire
là sur ce sable blanc.
Le souvenir est une patrie
un pays avec le jour, la lumière du jour, le drapeau
    et le cimetière.
Que ne donnerait-il pour nous dire l'ennemi enfin
pas seulement son visage, ses mains et son arme
mais aussi sa langue, son dialecte et l'accent de la
    mort
frère ou cousin.
De l'autre côté est sa maison.

What would this buried face not give for a memory
to shiver in a mirror
far away
for a familiar hand to wash its chest, here
where blood curdles on the sand.
What would the face not give for the gaze to search
as far as the sound of simple words a beloved wife
murmurs while the children pretend to sleep.
Slowly his body emptied
blood mixed with memory's flow
here on the white sand.
Memory is a homeland
a country with days, daylight, a flag and
        a cemetery.
What would the face not give to tell us, the enemy is
not only his face, his hands and his weapon
but also his language, his dialect, and accent of
        death
brother or cousin.
On the other side is his house.

Ainsi est notre histoire
plus étrange que l'aube dans le désert
aussi cruelle que le crime
commis par la lumière dans un miroir.

Thus is our history
more strange than dawn in the desert
as cruel as the crime
committed by light in the mirror.

Il marchait en sautillant comme un moineau
sur la pointe des pieds comme un danseur
        maladroit
il ne voulait pas faire mal à la terre qui se dérobait.
La mer le narguait
comme la nuit le livrant à la cendre
poussière d'une demeure qui fut.
Il savait le chemin et la patience
le paradoxe et la mort
l'odeur étrange des souvenirs usés
le goût inutile de l'errance.
Il se laissait porter par le vent
statue de l'oubli
présage aveugle d'une lumière déchirant la nuit.
Dans ses poches il y avait un peu de terre et
        beaucoup de clés.
Il parlait de maisons qu'il érigeait dans le sommeil
et disait à celui qui passait par le port :
« J'ignore si au moment de ma mort il se trouvera
deux mètres carrés de terre où je serai toléré. »

He walked hopping like a sparrow
on tiptoe like an awkward dancer
not wanting to injure the soft ground.
The sea mocked him
as night delivered him to ashes
dust of a home that was.
He knew the way and patience
paradox and death
the strange smell of used memories
the useless taste of drifting.
He let himself be carried by the wind
statue of forgetting
blind omen of a light tearing the night.
In his pockets a little earth and many keys.
He spoke of the houses he built in his sleep
and said to whomever passed through the port:
"I do not know if at the moment of my death there
will be two square meters of ground where I will be
tolerated."

Nawâl Abû Surayya

24 novembre 1988
Offertes
les lèvres humides du deuil
d'une terre un peu grasse
éparpillant le temps dans le sommeil des roches
érigeant ville sur ville
faisant de la parole des ancêtres
une rue transversale
dans le sable irrigué par du sang.
Une balle a suffi
pierres et failles à Gaza
à la sortie du camp d'Al Shâtî.
Elle avait quarante ans
et allait chercher de l'eau.

Nawâl Abû Surayya

November 24, 1988
Offered
the moist lips of grieving
for a somewhat fertile land
scattering time in the boulders' sleep
erecting city on top of city
making the ancestors' words
into a street cutting
through sand irrigated with blood.
One bullet sufficed
stones and rifts in Gaza
at the exit of the Al Shâtî camp.
She was forty years old
and had gone to fetch water.

Iyâd Râdi Janajarâ

20 décembre 1988
A Naplouse
après les blessures
la mort s'est glissée dans la douceur des mots
et le ciel a dépêché une prière
calme et sereine.
Elle s'est posée, précise, sur un corps fondu dans
    l'argile.
Il avait vingt et un ans
et venait de Tallûzâ.

Iyâd Râdi Janajarâ

December 20, 1988
In Naplouse
after the wounds
death slipped between the softness of the words
and the sky sent a calm
serene prayer.
Death set itself down precisely upon a body cast in
    clay.
He was twenty-one years old
and came from Tallûzâ.

Oum Saad

C'est l'histoire d'Oum Saad, mère et épouse d'une terre plus proche du coeur que du visage. Une terre, c'est-à-dire quelques oliviers, des pierres, un peu de cendre, des voisins, une rue latérale, un nom de rue, un numéro peint à la main au-dessus de la porte. Une terre, une adresse sans nom de martyr, une terrasse, une lune pleine pour l'éclairer, une naissance, un cri de joie, une dispute familiale, un rire et quelques larmes de bonheur.

Oum Saad croyait à l'éternité des choses et ne connaissait rien de la paix. Le feu et les armes ; la haine et la fureur.

Elle perdit son mari, sa maison et le rire.

Elle entassa sur un chariot ses enfants, un matelas, des casseroles, une valise, un panier d'olives, de l'huile et du pain ; elle suivit les autres le long de la route. Elle portait dans ses bras le plus jeune de ses fils. Elle ne pleurait pas ; elle lui parlait.

La nuit, longue et nue, le visage tiré par l'orage, creusé par le silence ; la nuit, tantôt un rocher, tantôt

Oum Saad

This is the story of Oum Saad, mother and wife from a land closer to the heart than to the face. Land, that is to say a few olive trees, stones, a little ash, neighbors, a side street, a street name, a hand-painted number above the door. A piece of land, an address without the name of a martyr, a terrace, full moon to light it, a birth, a cry of joy, a family dispute, laughter and some tears of happiness.

Oum Saad believed in the eternity of things and knew nothing of peace. Fire and weapons; hatred and fury.

She lost her husband, her house and laughter.

She packed into a cart: her children, a mattress, pots, a suitcase, a basket of olives, oil and bread; she followed the others along the road. She carried in her arms the youngest of her sons. She did not cry; she talked to him.

Night, long and naked, stretched by the storm, hollowed by silence; night, now a rock, now a curtain,

un rideau ne cessait de tomber sur cette femme qui avait vieilli en un jour et qui marchait sans se retourner. Ses pas effaçaient le chemin.

Derrière, il n'y avait plus de pays mais un ciel chargé de corps étourdis.

Oum Saad a marché longtemps. De sa bouche tombèrent des mots et des oiseaux, un arbre secret et un village de hautes pierres. Ce n'était pas un cimetière mais un verger où des enfants tendaient des embuscades aux statues.

La nuit a fermé sa robe sur le deuil : le jour voyageait avec l'impatience de l'adolescence ; il s'est arrêté aux pieds d'Oum Saad dans le port de Tripoli en ce mardi de décembre, le vingt de ce mois, en mille neuf cent quatre-vingt-trois.

Assise dans un coin sur un baluchon, le visage face au mur, le dos à la mer, un fils est mort, un autre vient de s'embarquer dans un bateau tout blanc, l'*Odyssée Elitis*, elle agite la main comme pour saluer la pierre.

Le port est dépeuplé. Ni marins ni soldats. Juste la nuit, toute la nuit et Oum Saad, immobile, la tête contre un pan de mur, la tête traversée par le vol de petites hirondelles, Oum Saad, en avance sur les

did not cease to fall on this woman who had aged in one day and who walked without looking back. Her steps erased the path.

Behind, there was no more country, just a sky weighed down with stunned bodies.

Oum Saad walked for a long time. From her mouth fell words and birds, a secret tree and a village of tall stones. This was not a cemetery but an orchard where the children ambushed statues.

Night closed its robe on grief: day traveled with the impatience of adolescence; it stopped at Oum Saad's feet in the port of Tripoli on this Tuesday in December, the twentieth of the month, in nineteen hundred and eighty-three.

Seated in a corner on a bundle, her face to the wall, her back to the sea, one son dead, another just embarked on an all-white boat, the *Odysseus Elytis*, she jerks her hand as if to salute the stone.

The port is empty of people. Neither sailors nor solidiers. Only night, all night, and Oum Saad, unmoving, her head against the bit of a wall, her head traversed by the flight of small swallows, Oum Saad,

souvenirs, est là, jour éternel, silence ramassé pour une nouvelle saison où aucune rivière ne saurait ramener le verger et les hommes à la terre rongée par le trachome du souvenir.

ahead of the memories, is there, endless day, silence
gathered for a new season in which no stream will
know to revive the orchard nor to restore the people
to a land gnawed by the blinding disease of memory.

1.

Les jours éteints sont faits de silence :
l'ombre muette d'un regard déterrant la pierre se
    pose ;
elle s'étale et retient la main lourde de l'hiver.
Sur cette table : une saison, une forêt et le village
qui descend vers la rivière.

2.

Le corps est suspendu
car le mur blanc est un ciel peint
l'ombre est dans une vieille gabardine.
L'homme repose à la limite de l'abîme
les mots le bousculent et défont le miroir :
c'est le temps des solitudes qui tombe.

3.

Une plante odorante et sauvage pousse là-bas
entre la stèle et le souvenir
dire le jour du funambule aux pieds légers

1.

The extinguished days are made of silence:

the mute shadow of a gaze that unearths stone
        comes to rest;

the shadow spreads and holds back winter's heavy
        hand.

On this table: a season, a forest and the village

which descends toward the stream.

2.

The body is suspended

for the white wall is a painted sky

the shadow is in an old raincoat.

The man rests at the edge of the abyss

words jostle him and undo the mirror:

the time of solitudes is falling.

3.

A pungent wild plant grows here

between gravestone and memory

to tell of the day of the light-footed tightrope
        walker

dire l'amour aux bras immenses que tend l'arbre
    au ciel
dire la neige qui ferme les paupières de ce corps
    oublié
face à la lumière nue
immobile.

4.

Est-ce l'arbre ou l'infamie des longues insomnies qui
se penche pour épeler les déchirures du temps?
Une parole chute lentement dans une tombe où
s'accumulent les matins de crépuscule.
Ce corps éternel
est une rive qui avance : la mer est là, à ses pieds.

5.

Quand un homme se souvient
les yeux se ferment pour suivre le sable des mots.
Sur le front
des siècles sont dispersés par la lumière pressée de
laver le ciel et de retourner dans une cascade d'eau.

to tell of love in the immense arms the tree
        stretches to the sky
to tell of the snow that shuts the eyelids of this
        forgotten body
facing the bare light
motionless.

4.
Is it the tree or the infamy of long insomnia
that leans over to spell out the shredding of time?
A word falls slowly in a tomb where
the dawns accumulate.
This eternal body
is a shore that advances: the sea is here, at its feet.

5.
When a man remembers
his eyes close to follow the sand of words.
On his forehead
centuries scatter in the light rushing
to wash the sky and return in a cascade of water.

6.

Ni le citronnier, ni l'absinthe, ni la nuit, mais
    l'absence :
une robe mouillée posée sur un banc de pierres
    blanches ;
c'est la mémoire des mains séparées de la terre et
    du visage :
et la terre est un visage
et l'arbre est une voix
et le manteau un ciel lavé de ses nues.

7.

Une statue faite de mots a mis du bleu sur un carré
de ciel vêtu de blanc.
Les hommes ne parlent plus.
Ils regardent le soleil s'éloigner.
Le jour, comme l'enfant, repose sur leurs épaules.
Le silence puis le rire.
Leur patrie n'a pas de rides
elle a un front immense où courent les gamins pieds
    nus.
La lune déploie ses rêves transparents.
Aujourd'hui aucune balle n'a atteint ces corps
    dansants.

6.

Neither lemon tree, nor absinthe, nor night, but
        absence:
a wet dress, set on a white stone bench;
this is the memory of hands separated from land
        and face:
and the land is a face
the tree a voice
and the coat a sky washed of its clouds.

7.

A statue made of words has put blue on a square
of sky dressed in white.
Men do not talk anymore.
They watch the sun grow distant.
Day, like a child, sits on their shoulders.
Silence then laughter.
Their country does not have wrinkles
it has an immense forehead where children run
        barefoot.
The moon unfurls its transparent dreams.
Today no bullet has reached these dancing bodies.

8.

Quelle trace d'absence dans les gestes de ces mains
qui ont remué les pierres à l'entrée du cimetière!
Elles ont dispersé des syllabes et des ruisseaux, des
chants et des chiffres, des nuages et des regards.
Obstinée,
la lueur descend l'escalier du temps.
Et à chaque corps, elle donne le pain et le nom.

De 1981 à 2008, la Revue d'études palestiniennes *a publiée une chronologie de résistance et de répression dans les territoires occupés. C'est dans ce catalogue du malheur quotidien que ces quelques visages ont été nommés.*

8.

Such a trace of absence in the movements of these hands that shifted the stones at the cemetery's entrance!

They have dispersed syllables and streams, songs and numerals, clouds and gazes.

Stubborn,

the faint light descends time's staircase.

And to each body, it gives bread and a name.

From 1981 to 2008, the Revue d' études palestiniennes *published a chronology of resistance and repression in the occupied territories. It is in this catalogue of everyday hardship that some of these faces were named.*